I0183578

LES SOULIERS

MORS-DORÉS,

OU

LA CORDONNIERE

ALLEMANDE,

COMÉDIE-LYRIQUE.

BIBLIOTHEQUE IMPERIALE IMPR.

LES SOULIERS

MORS-DORÉS,

OU

LA CORDONNIERE

ALLEMANDE,

COMÉDIE-LYRIQUE;

EN DEUX ACTES:

Repréfentée pour la première fois, fur le Théâtre des Comédiens Italiens Ordinaires du ROI, le Jeudi 11 Janvier 1776.

Prix 1 liv. 4 fols.

A PARIS;

Chez VENTE, Libraire des Menus-Plaifirs du Roi, & des Spectacles de Sa Majefté, au bas de la Montagne Sainte-Geneviève.

M. DCC. LXXVI.

PERSONNAGES.

LE BARON DE PIÉCOURT, *Capitaine de Dragons.*   M. CLAIRVAL.

MICHEL, *son Valet.*   M. TRIAL.

SOCK, *Maître Cordonnier.*   M. NAINVILLE.

ODILE, *sa femme.*   Mme. TRIAL.

HANZ, *fils de Sock.*   M. GAILLARD.

UN BRIGADIER DE DRAGONS. M. SUIN.

LA SCÈNE est dans une Ville d'Allemagne, Frontière de France.

LES SOULIERS

MORS-DORÉS,

OU

LA CORDONNIÈRE

ALLEMANDE,

COMÉDIE-LYRIQUE.

ACTE PREMIER.

Le Théâtre repréſente une chambre de Militaire, dans le fond une eſpèce de bibliothèque garnie de chauſſures, de chaque côté une porte couverte d'une portière ; une table, quelques chaiſes, &c.

SCÈNE PREMIÈRE.

LE BARON, MICHEL.

(MICHEL *entre en redingotte, une lanterne à la main : il allume une bougie qui ſe trouve ſur une table ; le Baron le ſuit en uniforme, par-deſſus un domino couvert d'un wilschouras : puis il ſe jette dans un fauteuil*).

MICHEL.

ARIETTE.

Quelle fureur d'aller danſer
La nuit entière !
Se trémouſſer
Dans la pouſſière !

A 3

Se haraffer !
Tandis qu'au milieu de la rue,
De froid claquant
Dent contre dent,
En attendant
Je m'exténue;
Tandis qu'entouré de glaçons,
Je grelotte & je me morfonds;
Mais une bonne pleuréfie
Vous fera bien changer de vie:
Au Diable, au Diable le plaifir !
La nuit eft faite ponr dormir.

LE BARON.

A d'autres!.... & toujours va qui danfe.

MICHEL.

Et moi, je ne danfe pas.

LE BARON, *fe levant.*

Non : mais je te ferai danfer d'une autre façon.

MICHEL.

Prrr.... Je meurs de froid.... (*Il bâille.*) & de fommeil.

LE BARON.

Eh bien ! chauffe toi; pour moi, je n'ai pas froid. (*Il ôte fon wilschouras & fon domino à l aide de Michel*).

MICHEL.

Je le crois bien ; au métier infernal que vous aites.

LE BARON.

Hein?... Ma robe-de-chambre?

MICHEL.

Eſt-ce que Monſieur ne ſe couche pas ?

LE BARON.

Me coucher ? Il eſt jour.

MICHEL, *à part.*

Oui, parbleu! dont j'enrage ; ces François ont
le Démon de la danſe.

LE BARON.

Que marmottes-tu là ?

MICHEL, *entre les dents.*

Peſte ſoit du bal !

LE BARON.

Le bal? le bal étoit charmant : j'ai danſé avec
la plus jolie femme ! une taille ! des grâces ! un
pié ! un pié ! Ah !... (*Il ôte ſon habit*).

MICHEL.

Ah ! nous y voici. (*Il garde l'habit de ſon
maître ſur le bras*).

LE BARON, *lui ſerrant le bras.*

Michel , elle m'a promis une de ſes mules
pour mettre dans ma collection. (*Il montre la
bibliothèque*).

MICHEL, *lui paſſant la robe-de-chambre.*

L'étrange manie ! une collection de chauſſures !

Ah ! ce feroit bien avec raifon que l'on pourroit dire que nous raifonnons pantouffle.

LE BARON, *le prenant par l'oreille.*

Raifonner ?... mais, je penfe que c'eft toi qui raifonnes !

MICHEL.

Moi, Monfieur ?.. point du tout, en vérité... mais, votre fanté... mes fatigues... enfin...

LE BARON, *l'interrompant.*

Vingt contre - danfes Angloifes de fuite.... J'étois dans un raviffement... je nageois dans le plaifir.

MICHEL, *voulant mettre fur une chaife l'habit qu'il a fur le bras, le tâte.*

Affurément : car il a pénétré jufqu'à votre habit.

LE BARON, *s'affied près de la table*

Mon peignoir ? mets - moi un petit œil de poudre. (*Il prend un miroir*). Il a raifon. (*Se mirant*). Comme me voilà fait ! Je me fatigue trop, il eft vrai ; je dépéris à vue d'œil : mais le moyen d'y réfifter ! Hier, hier au foir encore, après un fouper délicieux avec les plus jolies femmes, je fus d'une partie de traîneaux comme on n'en a jamais vu. Ah ! vive l'Allemagne pour le bruyant, l'éclat & la magnificence de cette courfe ! (*Il fe lève*).

ARIETTE.

Sur une neige éblouiffante,
A la lueur de cent flambeaux,
On voit une file éclatante
Des plus brillans traîneaux ;
Une mufique militaire
Précède & fuit dans la carrière :
Les tambours, les cors, les clairons,
Les hautbois, les baffons ;
 Les cris des valets,
  Hau, hau, hau, les fouets,
   Les grelots,
 Animent les chevaux :
 Ils vôlent, ils henniffent,
 Les échos retentiffent ;
On fe fent tranfporter, ravir :
C'eft la courfe du plaifir.

Le fort donne à chacun fa belle :
En Écuyer vif & badin....
 On peut faire avec elle
 Souvent bien du chemin.
L'amour en partage la gloire,
Et de ce char, ce Dieu malin
En fait le char de la victoire....
 Sur une neige éblouiffante, &c.

     (*Il fait jour*).

MICHEL, *peignant.*

Il eft vrai : c'eft une courfe pompeufe ; mais
dans un tournant, un jeune cocher comme vous...
ma foi, garre la culbute.

LE BARON.

Va, va, la chûte n'eft pas de haut... (*Souriant*).
& n'eft pas toujours dangereufe.

MICHEL.

Et plus fouvent encore moins malheureufe.

LE BARON.

Il n'eft que l'Allemagne, te dis-je.

MICHEL.

Et cette ville, fur-tout, pour la bierre & le
kirsch-waffer.

LE BARON.

Ivrogne! & la mufique?

MICHEL.

Oh! vous en êtes pour les virtuofes, vous,
Monfieur.... (*A part*). Et de quelle vertu!

LE BARON.

Et la chauffure? (*Il fommeille*).

MICHEL.

A la vérité, il n'eft point ici de laidron, qui,
avec le plus vilain pié-bot, ne voulût être
chauffée mieux qu'une de nos Baronnes échaf-
faudées fur fes trente-deux quartiers.

LE BARON, *s'éveillant*.

Oui, te dis-je, ma conquête du bal l'étoit à
fe mettre à genoux!.... Un nœud de rubans
joliment attaché fur le plus joli petit pié... &
quelle légèreté!.. Comme cela danfoit!...

MICHEL *bâille.*

Ah ! que c'étoit beau !

LE BARON.

A propos de chauffure, n'oublie pas d'aller
cet après-midi chez mon Cordonnier, pour ces
bottes en queftion.

MICHEL.

Oui, Monfieur.

LE BARON *fe lève brufquement.*

Va me chercher du café.

MICHEL.

Au lait ?

LE BARON.

Oui.... non.... oui, oui, cours.

SCÈNE II.

LE BARON *seul.*

LE café me tiendra éveillé.... Je n'en puis plus
de laffitude.... Je me ruine..... Le maraud dit
vrai.... Mais l'attrait, l'enchaînement & la va-
riété des plaifirs : tout cela eft plus fort que moi.

ARIETTE.

Plaifir! ô doux plaifir !
Sous quelque face
Que tu puiffes t'offrir,
Je faurai te faifir
Sans laiffer place
Au repentir ;
La fageffe eft folie :
Notre Philofophie
Eft de favoir jouir ;
Et que m'importe
De quelle forte
Soit le plaifir,
Si je n'ai qu'à choifir.
Et le plaifir.... eft toujours du plaifir....

SCÈNE III.

LE BARON, MICHEL.

MICHEL *apporte du café, le poſe ſur la table & dit à demi-voix.*

Monsieur, Monſieur?

LE BARON.

Qu'eſt-ce?

MICHEL.

Il y a là à votre porte une jeune femme.

LE BARON, *empreſſé.*

Une jeune femme?

MICHEL.

Oui, une jeune Straſbourgeoiſe.

LE BARON, *l'interrompant avec feu.*

Comment! une jeune Straſbourgeoiſe là.... avec un petit bonnet à l'Alſacienne?

MICHEL.

Chut! une Straſbourgeoiſe que, par paren-thèſe, un de vos camarades lorgnoit de près dans la rue.

LE BARON.

Eh bien?

MICHEL.

Juftement la femme de votre Cordonnier, que vous m'avez ordonné d'aller chercher il n'y a qu'un moment, & qu'il a époufée depuis peu en fecondes noces.

LE BARON.

Au fait.

MICHEL.

Au fait ; je l'ai rencontrée nez à nez comme je rentrois : elle m'a demandé fi ce n'étoit pas ici que logeoit la Confeillère de la maifon voifine.... & je lui ai répondu que oui.

LE BARON.

Et que prétends-tu par-là ?

MICHEL.

Je prétends que vous vous faffiez paffer pour le mari de cette Confeillère.

LE BARON, *fe rengorgeant.*

Moi, Monfieur le Confeiller ! Comment jouer dignement le rôle d'un Confeiller ?

MICHEL.

La belle difficulté ! un Confeiller en robe-de-chambre, & en Allemagne encore ! Rengorgez-vous ; un air de gravité, & je vous réponds qu'on s'y méprendra.

LE BARON.

Et dis-moi, d'où la connois-tu ?

MICHEL.

D'où je la connois ? De Strasbourg, où je l'ai vue étant fille.

LE BARON.

Etant fille?... & .... écoute, a-t-elle un joli pied ?

MICHEL.

A croquer...... Dépêchez donc..... : elle est là.

LE BARON.

Eh bien ! fais entrer. (*Michel ôte tous ses équipages militaires*). Le pendart ! Une jeune femme de Strasbourg !... La ville est réputée par le beau sexe.... Le maraud est intriguant... effronté.... (*A Odile qui hésite pour entrer*). Approchez, Madame, approchez. (*A Michel à part*). Charmante !

SCÈNE IV.

LE BARON, ODILE, MICHEL.

> ODILE, *des souliers noirs aux pieds,*
> *des mules à la main ; elle fait*
> *une révérence.*

J'AI cru que Madame votre épouse...

LE BARON.

Mon épouse ?

MICHEL.

Elle est .... au marché.

ODILE.

Elle est bien matineuse.

MICHEL.

Nous le sommes bien davantage.

ODILE.

Voici les mules qu'elle a commandées chez mon mari.

LE BARON.

Des mules ?... chez M. Sock ? (*Il en prend une*). Elles font charmantes... & l'on voit bien que Madame Sock y a mis la main.

ODILE.

ODILÉ.

Je les ai bordées.

LE BARON.

Je l'aurois deviné, ce ruban femble avoir été froncé par les Graces ; (*Il lui rend la mule avec elégance*). à Miracle.

ODILE. (*Elle reçoit la mule de même, & fait encore une révérence comme pour s'en aller*).

Je repafferai pour voir fi elles font juftes à Madame.

LE BARON, *l'arrêtant.*

Elles lui feront très-juftes, ma bonne Dame, j'en fuis certain : affeyez-vous un moment, elle reviendra bien-tôt.

ODILE.

Monfieur, je fais trop....

LE BARON.

Sans compliment, prenez place.

ODILE.

Monfieur.....

LE BARON.

Oh ! je vous en prie, je vous en prie.

MICHEL, *approchant une chaife.*

Nous fommes fans façon, voyez-vous.

ODILE *s'affied.*

Puifque vous l'ordonnez.

B

MICHEL *s'approche de son oreille.*

Madame Sock , avec votre permiſſion (& celle de mon maître) eſt ce que vous connoiſſez cet Officier qui vous cotoyoit dans la rue?

ODILE.

Moi, connoître un Officier ! vous me prenez pour une autre.

MICHEL.

Excuſez, du moins. (*A part*). Pour une autre? Et elle, pour qui nous prend-elle donc?

LE BARON.

Il en eſt pourtant de très-aimables.

ODILE.

Ah ! ne m'en parlez pas : ce ſont bien les plus hardis, les plus turbulens & les plus indiſcrets de tous les hommes.

(*Michel ſe cache pour rire*).

LE BARON, *à part.*

Oui-dà!.. oh! tu me la paieras, ou je ne pourrai... (*Haut*). Vive les gens de ma robe, n'eſt-ce pas?

ODILE, *gracieuſement.*

Sur-tout, quand ils vous reſſemblent.

LE BARON *s'aſſied.*

En honneur, je ne mérite pas ce compliment-là.... Michel ! qu'en penſes-tu?

MICHEL.

Monfieur, chacun a fa manière de mériter.

LE BARON.

Madame Sock , vous prendrez une taffe de café avec moi.

ODILE.

Monfieur, c'eft trop abufer....

LE BARON, *à Michel.*

Donne une taffe.... Vous vous moquez ; ma chère Madame Sock , vous vous moquez ; je ferois enchanté de pouvoir vous offrir quelque chofe de mieux. (*Michel apporte une taffe*).

ODILE.

Mais, je n'y penfe pas ; c'eft prendre trop de liberté.

LE BARON.

Vous n'en fauriez trop prendre. (*Lui ferrant le bras*). En vérité, vous êtes charmante... Mettez-vous le fucre avant ou après ?

ODILE.

Sans fucre, s'il vous plaît.

LE BARON.

Sans fucre ? (*Il prend la caffetière*).

MICHEL, *à part.*

Apparemment que Madame doit trop ?

LE BARON.

Je veux avoir le plaifir de vous le verfer.
(*Il lui verfe*).

ODILE.

Mille pardons, Monfieur.... Mais, je penfe,
fi Madame revenoit, elle feroit peut-être fcan-
dalifée.

LE BARON.

Point du tout !... Oh ! ma femme.... ma
femme eft une femme comme il n'y en a point.

ODILE.

Mon mari me l'a bien dit. (*Elle boit à petits
coups*).

LE BARON.

Il eft vrai qu'une auffi jolie perfonne que
vous, eft bien capable d'infpirer de la jaloufie.

ODILE.

Vous êtes trop poli.

LE BARON.

Je fuis fincère... vous m'enchantez... Comment le trouvez-vous ?

ODILE.

Excellent !

LE BARON.

Si j'euffe prévu que vous duffiez venir, je
l'aurois fait faire à la crême, (*Lui ferrant le bras*),
à la crême, ma chère Madame Sock.

ODILE.

De quelque façon qu'il foit, c'eft un breu-
vage divin.

(*Pendant ce duo, le Baron prend auffi fon café,*
Michel lui fait plufieurs fignes d'efpièglerie,
& veille à ce que perfonne n'entre).

DUO.

LE BARON.

Oui, je fuppofe
Que le Nectar qu'on fert aux Dieux,
N'eft autre chofe
Que ce café délicieux:

ODILE.

Pour nous réveiller la mémoire,
Il faut en boire
Soir & matin.

ENSEMBLE.

C'eft notre meilleur Médecin,
C'eft un remède fouverain:

ODILE.

Il fait diffiper & les peines
Et le chagrin.

LE BARON.

Il fait circuler dans nos veines
Un feu divin.
Pour nous réveiller la mémoire,
Il faut en boire
Soir & matin.

ENSEMBLE.

Pour nos efprits
Il eft fans prix;
C'eft l'antidote des foucis.   B 3

LE BARON.

Oui : vive Moka ! vive le café !... fur-tout quand on le prend dans un fi joli tête-à-tête.

MICHEL, *à part.*

Eh ! quel dommage qu'il n'enivre pas !

LE BARON *verfe.*

En vérité, ma chère Dame, je fuis ravi d'avoir fait votre connoiffance.... Il y a peu de tems que vous êtes mariée ?

ODILE, *nonchalamment.*

Il y a eu hier un mois.

LE BARON.

Hier un mois ! Que M. Sock eft un heureux mortel !... Femme jolie... douce... aimable. (*Elle fait une inclination à chaque paufe*). (*A part*). L'heureux coquin !... (*Haut*). Que fon fort eft digne d'envie !

MICHEL, *à part.*

Et peut-être de pitié !

ODILE.

Il feroit heureux pour moi qu'il penfât comme vous.

LE BARON.

J'entends ; il n'a pas pour vous toute la complaifance que vous méritez.

ODILE.

Là, là... par exemple.... mais, Madame ne revient pas ?

LE BARON.

Elle reviendra..... elle reviendra..... par exemple, difiez-vous?...

ODILE, *fe recueillant.*

Rien, rien.

LE BARON, *preſſant.*

Mais encore... je fuis votre ami, on confie tout aux gens de mon état, & fi je pouvois vous aider de mes confeils.... Dites, dites, je vous prie.

ODILE, *héſitant & baiſſant les yeux.*

C'eſt que c'eſt demain la noce de ma belle-fœur; j'aurois defiré qu'il me fît une paire de fouliers de droguet mors-dorés.

LE BARON.

Eh bien?

ODILE.

Eh bien!... il ne le veut pas.

LE BARON.

Oh ciel! vous refuser des fouliers?

MICHEL, *à part.*

Ainfi, que ne lui refufe-t-il pas?

LE BARON.

Cela eſt criant, & que dit-il pour fes raifons?

ODILE.

Ah! il dit que cela eſt trop tranchant, que je ne

fuis qu'une petite bourgeoife.... Je fuis pourtant aufli bonne que cent, que mille que je vois.....

LE BARON.

Beaucoup meilleure, en vérité.

ODILE.

D'ailleurs, vous n'ignorez pas fans doute que mon mari eft Officier de Ville.

MICHEL.

Diable ! c'eft un homme d'importance.

LE BARON.

Je conçois.... fon humilité n'eft qu'un prétexte à fon avarice....

ODILE *foupirant*.

Je ne fçais ; mais il n'en eft pas plus riche.

LE BARON.

Oui, cela eft clair.... (*Réfléchiffant*). Eh bien ! ma chère Madame Sock, ce font des fouliers de foie que vous defireriez, n'eft-ce pas ? pour la noce de demain ? (*Odile baiffe les yeux*). Faites-moi le plaifir d'en accepter une paire de ma main.

ODILE, *vivement*.

Vous vous moquez ; je n'oferois jamais porter des fouliers dont mon mari ne m'auroit pas pris mefure... & d'ailleurs, ce que j'en dis n'eft pas....

LE BARON.

Vous avez raifon... mais attendez. (*Il fe lève & à part*). Oui, le tour feroit impayable. (*Haut*). M. Sock eft mon ami, je me charge d'arranger cette affaire-là ; nous avons d'ailleurs à traiter enfemble.

ODILE *fe lève.*

Comment, Monfieur ! s'il favoit jamais que je vous en ai parlé, je ferois perdue !

LE BARON.

Il n'en faura rien, il n'en faura rien, je vous jure.

ODILE.

Oh ! je vous en prie.

LE BARON.

Comptez fur moi, je ne fuis pas homme à vous jouer un mauvais tour.... Encore un moment, je vous prie, affeyez-vous. (*A part*). Oui, voici le moment de venger l'honneur du corps.

ODILE.

Mais, Madame....

LE BARON.

Elle revient, elle revient à l'inftant. (*Très-bas à Michel*). Va chercher fon mari, & ne lui dis mot.... (*Haut*). Vous trouvez le tems long, Madame.

(*Michel fort en faifant un lazzi*).

SCÈNE V.

LE BARON, ODILE.

ODILE.

NON affurément ; mais où l'envoyez-vous ?

LE BARON.

Il va chercher... ma femme.... En vérité, plus je réfléchis & plus je trouve votre mari étonnant de refufer quelque chofe à une femme auffi aimable ; & vous plus étonnante encore, avec autant d'appas, d'aller époufer un veuf.

ODILE.

Oui : ayant fur-tout de fa première femme un grand vaurien de fils qui me donne bien du chagrin.

LE BARON, *l'interrompant.*

Il eft grand, dites-vous : eh bien ! fi vous voulez je vous en débarrafferai.

ODILE.

Comment cela ?

LE BARON, *fe reprenant.*

Et non... je fongeois à toute autre chofe : encore une taffe de café, Madame Sock.

ODILE.

*Je vous fuis redevable. (*Elle tourne les yeux vers la bibliothèque*). Mais ôferois-je vous demander comment Madame votre épouse se fait encore faire des fouliers, tandis qu'elle en a une armoire pleine ?

LE BARON.

Mon épouse ! point du tout, c'eft moi qui en fais collection.

ODILE.

Comment ?

LE BARON.

Oui, vous voyez là un amas de toutes les efpèces de chauffures anciennes & modernes, les plus mignonnes & les plus rares des quatre parties du monde.

ODILE.

Le goût eft fingulier..... (*A part*). Il eft charmant.

LE BARON.

C'eft ma fureur.

ARIETTE.

Chacun a fa manie,
Chacun a fa folie ;
L'un étudie un vieux *in-folio*,
L'autre labore & fouffle incognito ;
Celui-ci rime à perdre la cervelle,
Celui-là racle un dur violoncelle.

L'un fe profterne à l'afpect d'un tableau;
Devant des fleurs, un autre eft en extafe;
L'un de la lune examine une phafe,
Quand l'autre tourne ou dirige un cifeau.
Si l'on trouve mon goût bifarre,
Il n'en eft pas moins envié :
A mon gré l'objet le plus rare
C'eft un joli petit pié.

On ne voit que collections
De foffiles, de médaillons;
C'eft de l'antique,
C'eft du gothique.
Des coquilles, des papillons!
Si l'on trouve mon goût bifare, &c.

ODILE.

Votre paffion, loin d'être ridicule, me paroît
fort naturelle, elle eft neuve, & je gage que
votre collection eft unique.

LE BARON.

C'eft ce dont je me pique, j'ai des correfpon-
dances à Paris, à Conftantinople, à Pékin...
jufqu'en Laponie, & entre nous, j'ai reçu tout
noviffimè la mule d'une certaine Comteffe im-
médiate, qui a pris la pofte un beau matin pour
s'aller faire chauffer à Paris.

ODILE.

Un tel morceau ne manquera pas d'accréditer
votre cabinet.

LE BARON.

Il ne tiendroit qu'à vous de l'embellir encore..
Oui, c'eſt cette même perfection que je cherche
dans les autres femmes & que je trouve en vous,
qui fait que vous me paroiſſez plus intéreſſante
encore, & en honneur.... (*Il lui baiſe la main*).

SCÈNE VI.

LE BARON, ODILE, MICHEL.

MICHEL.

Monsieur, Monſieur Sock eſt là.

ODILE.

Mon mari ? il ſe sera impatienté.

LE BARON, *ſe compoſant & faiſant l'étonné*.

Votre mari ? Ah ! c'eſt vrai, je vous l'avois
dit, nous avons des affaires enſemble..... Je
l'avois oublié.

ODILE.

Des affaires ? Au moins, Monſieur, gardez-
vous bien de lui parler des ſouliers de ſoie !

LE BARON.

Non vraiment.

ODILE.

Et vous aurez la bonté de me juſtifier d'avoir
attendu ſi long-tems Madame.

LE BARON.

Ah ! cela ſera un peu difficile.

ODILE.

Quoi ?

LE BARON.

C'eſt... c'eſt... (*Souriant*). Vous allez vous
fâcher.

ODILE.

Achevez.

LE BARON.

C'eſt que je n'ai point de femme.

ODILE.

Point de femme ?

LE BARON.

Et que je ne ſuis pas Conſeiller.

ODILE.

Et qui êtes-vous donc ?

MICHEL, *à part.*

Le Diable. (*Il ſe cache pour rire*).

LE BARON.

Le Baron de Piécourt , Capitaine de Dragons.

ODILE.

Miſéricorde ! un Officier ! (*A Michel*). Le ſcélérat !

MICHEL, *bas.*

Doucement, parlez plus bas.

ODILE *veut s'en aller.*

Je vais....

LE BARON, *l'arrêtant.*

Eh ! où voulez-vous aller ? vous devez sentir toute la conséquence qu'il y a maintenant de rencontrer ici votre mari.

ODILE.

Quelle perfidie ! Mais, Monsieur, faites-le renvoyer.

LE BARON.

Ah ! cela ne se peut pas, M. Sock est un homme à ménager, & d'ailleurs.... Michel ? (*Il lui fait signe*). Tu lui as dis que j'étois visible ?

MICHEL.

Oui.... Oui, Monsieur.

ODILE.

Mais au nom du ciel, Monsieur le Baron, que lui dire ?... que faire ?...

LE BARON.

Ah ! je ne sais point d'autre moyen que de vous cacher jusqu'à ce qu'il soit parti.

ODILE.

Me cacher ! ah Dieux !... Mais où ?

LE BARON.

Où?.. Tenez, dans cette embrâfure, derrière cette portière.

ODILE.

Mais, s'il m'y trouvoit.

LE BARON.

Repofez-vous fur moi, j'y aurai l'œil.... Oui, Madame, je veux vous prouver que les Officiers ont de la difcrétion, de la prudence, & des égards....

ODILE.

Imprudente! à quoi fuis-je réduite? (*Il la conduit vers la portière*).

MICHEL, *feul.*

Je favois bien qu'il lui ferviroit un plat de fa façon.

ODILE, *fe cachant.*

Au moins point de trahifon.

LE BARON *lui donne une chaife.*

Demeurez tranquille, & n'ayez aucune crainte. (*A Michel*). Laiffe entrer, & fais le guet.

SCÈNE

SCENE VII.

LE BARON, SOCK, MICHEL; ODILE, *cachée.*

SOCK.

VOTRE très-humble serviteur, Monsieur le Baron.

LE BARON.

Bon jour, mon cher Sock, bon jour. (*Michel prend vîte les mules qu'Odile a oubliées , & les met dans sa poche , puis il les lui donne en se promenant devant la portiere*).

SOCK.

Je me rends à vos ordres.

LE BARON.

Fort bien... j'ai reçu hier une lettre d'un ami qui me charge de faire marché avec un Cordonnier , honnête-homme.

SOCK.

Honnête-homme ? Oui-dà, Monsieur le Baron.

LE BARON.

Et raisonnable pour fournir à neuf, de bottes , le Régiment François qui est cantonné dans les environs ; & dont il a le détail depuis longtems..

C

Et comme je vous connois & que je vous eſtime,
j'ai fait choix de vous pour cette beſogne...
(*Sock ſalue à chaque pauſe*). Mais ce n'eſt pas
cela dont il s'agit maintenant ; je vous ai fait
venir pour un tout autre ſujet ; puis-je compter
ſur votre diſcrétion ?

S O C K.

Ma diſcrétion ? (*Se rengorgeant*). Vraiment je
ſuis Sécretaire du corps , & qui plus eſt.... Officier
municipal... tenant à la magiſtrature.

M I C H E L.

Oui, à la magiſtrature ſubalterne.

S O C K.

Et quant à mon ouvrage, ſoit pour homme,
ſoit pour femme, je ſuis connu , il n'eſt rien à re-
dire , je chauſſe depuis vingt ans le brodequin &
le cothurne.

LE B A R O N , *riant,*

'Ah, ah ! comment, Maître Sock ! vous êtes
'Auteur , vous faites des Opéra , des Comédies ?

S O C K.

Non , non ; mais je chauſſe tout cela ; cela revient au même, demandez aux Comédiens.

LE B A R O N *rit.*

Ah, ah , ah. Je comprends, je comprends.

SOCK, *tirant son compas de sa poche.*

Tenez, vous voyez bien cela, c'est ce que nous appellons notre compas... eh! bien, je n'en ai pas besoin, il est là... (*Montrant ses yeux*). Je chausse à vue... sans toucher.

LE BARON.

Ah! Vous êtes un habile homme, mon cher Sock.. & que vous êtes heureux !

SOCK.

Et pourquoi ?

LE BARON.

Etre toujours aux piés des belles !

SOCK.

Il est vrai que notre profession n'est pas sans revenant-bons.

(*Pendant cette Ariette le Baron remet son uniforme.*)

ARIETTE.

DANS une humble posture,
Au moment que je prends mesure,
Je murmure tout bas
Qu'on porte les souliers trop bas ;
Je tâte, je compasse,
Ce pié délicat & charmant.
Je passe, je repasse
Si doucement, si joliment...
Et si par fois j'hésite ,
En compassant ce pié divin,

D'un fourire on m'excite :
« Finiffez donc, petit badin,
» Eh ! dépêchez donc vîte ».
Le moyen qu'un cœur ne palpite !
Ah ! dans un tel moment ,
Seroit-il donc fi furprenant
Que la main la plus fûre
Perdît quelquefois la mefure.

LE BARON.

Ah ! vous êtes encore un égrillard ! ... Je fuis
fûr que vous en chauffez plus d'une gratis ...
hem ?

SOCK.

Ah ! par-ci, par-là ; il faut bien faire quelque
crédit.

LE BARON.

Et vous n'êtes pas homme à laiffer accumuler
les intérêts? .. A propos, Maître Sock, vous vous
êtes remarié , & vous ne m'en dites mot.

SOCK.

Oui, oui, une petite fantaifie ... (*Michel touffe.*)

LE BARON, *touffe.*

Une fantaifie ? Votre femme eft charmante.

SOCK, *en colere.*

Et d'où la connoiffez-vous ? Ma femme ne
connoît point d'Officier.

LE BARON, *fe reprenant.*

Je la connois ... de vue ... vous fentez bien
qu'à mon âge on ne voit pas paffer une jeune

femme coëffée & vétue à l'Alfacienne, une femme jolie & aimable furtout, fans demander qui elle eft ?

SOCK.

Jolie, point du tout; aimable, encore moins... c'eft la fille de mon marchand de Strasbourg ; il m'a toujours bien fervi: mais entre nous pour cette fois je crois qu'il m'a trompé. (*Michel touffe plus fort.*)

LE BARON.

Mais vous lui avez bien rendu le change. Ah ! Si votre femme favoit vos fredaines...

SOCK.

Chut !.. difcrétion pour difcrétion.

LE BARON.

D'accord; revenons à notre affaire; vous favez, mon cher Sock, la fureur que j'ai pour les petits piés ?

SOCK.

Oui... (*Avec emphafe*). que vous devez quelque fois à notre art.

LE BARON.

Eh ! bien, la fortune m'en a procuré un, pas plus gros que ça, (*Montrant le bout des doigts unis.*) & je vous ai fait venir pour lui prendre mefure de fouliers.

SOCK.

Volontiers ... & où eft la perfonne ?

LE BARON.

La perfonne ? Elle eft ici.

SOCK.

Ici ? Et où cela ?

LE BARON.

Ici , derrière cette portière.

SOCK, *riant.*

'Ah ! ah ! derriere ce rideau ? ha , ha, ha ,

LE BARON.

Oh ! Ce n'eft pas ce que vous croyez ...(*Plus bas*).chut, c'eft une très-honnête femme.

SOCK, *à demi-voix.*

Une très-honnête femme chez un Dragon , un François, & en Allemagne encore ? ha , ha , ha ... & dites moi s'il vous plaît , la connois-je ?

LE BARON, *bas.*

Vraiment ouì ; fon mari eft un des notables Bourgeois de la ville.

SOCK, *à l'oreille.*

Et quel eft fon nom , je vous prie..

LE BARON.

Oh ! Vous m'en demandez trop.

SOCK.

Pourquoi ? Je fuis difcret , comme vous favez... & puis ce fera fans doute quelque benêt ... il n'y a pas de mal d'en rire un peu ...ha , ha.

LE BARON *rit auſſi avec Michel.*

Ha, ha, oui... venez, benêt?.. Mais avant tout il faut me promettre de ne pas la voir.

SOCK.

Il faudra bien que je la voye pour lui prendre meſure, ou bien que je ſois aveugle.

LE BARON.

Non; il faut que vous me promettiez de ne voir que ſon pié.

SOCK.

Que ſon pié? ſoit, ſi cela eſt poſſible.

LE BARON.

Venez, venez. (*Il le conduit vers la portiere.*)

SOCK.

O mœurs ! ô droits de Bourgeoiſie !

TRIO, *au rideau.*

Enſemble. { Donnez, Madame, je vous prie, Sans façons, ſans cérémonie, Donnez votre pié, s'il vous plaît.

LE BARON.	Maitre		
MICHEL.	Monſieur	} Sock eſt	} diſcret,
SOCK, *à genoux.*	Je ſuis,	Je ſuis	

ENSEMBLE.

Ayez la complaifance...

OCK.

Comptez fur ma prudence.

LE BARON. { Il a de la prudence,
MICHEL. { Et du ménagement;
TOUS .... C'eft l'affaire d'un moment.

SOCK.

Je vous prie, Madame; je ne vous toucherai qu'imperceptiblement.

LE BARON.

A propos de toucher; mais ne m'avez vous pas dit que vous aviez le compas dans l'œil !

SOCK.

Affurément.

LE BARON.

Eh bien ! c'eft fans doute la crainte de vos petites malices, qui arrêtoit Madame, & je fuis affuré que maintenant elle fe prêtera de la meilleur grace du monde.

SOCK.

Oui, Madame; il ne me faut qu'un coup d'œil, une feconde feulement & tout eft dit.

LE BARON.

Comment ! Madame, malgré tout cela, vous ne daignez pas vous confier à notre ami Sock ? eh ! bien, Madame .... il n'y a qu'à tirer le rideau.

SOCK.

C'eſt bien dit, il n'y a qu'à tirer le rideau. (*Il ſe lève pour le tirer ; les autres l'en empêchent*).

LE BARON.

Doucement.

MICHEL.

Tout beau , tout beau. (*Il le fait remettre à genoux*).

SOCK, *derechef à genoux.*

Eh bien ! Madame , je vous en ſupplie.... je... (*Odile paſſe le bout de ſon pié , Sock s'arrête ſtupéfait*). Peſte qu'il eſt mignon ! (*Il le conſidere*) Ah ! Madame avoit tort de faire tant de difficultés... quelles proportions... oh ! les jolis doigts !

LE BARON.

Dépêchez.

SOCK, *ſe relevant.*

Vous aviez raiſon. (*Odile retire ſon pié*). Je n'en ai jamais vû de pareil.

LE BARON.

N'eſt-ce pas ? je ſuis un connoiſſeur. (*Lui frappant ſur l'épaule*).

SOCK.

Oh ! oui, & je veux vous prouver que je ne le ſuis pas moins.

LE BARON.

Mais êtes-vous bien ſûr ?

SOCK.

Vous verrez, vous dis-je, un échantillon de ma dextérité.

LE BARON

Ce n'est pas le tout, maître Sock; il me faut ces souliers dans la journée.

SOCK.

Dans la journée, cela ne se peut pas.

LE BARON.

Il faut bien que cela se puisse: tenez, je vous les paye un ducat. (*Il lui donne*).

SOCK.

Un ducat? il faut voir.... oui; (*Réfléchissant.*) Il est neuf heures, il en faut quatre pour faire un soulier... je mettrai deux garçons après... oui.... oui, vous pouvez les avoir vers le soir. (*Il veut s'en aller*).

LE BARON,

Tant mieux; surtout, qu'ils soient bien mignons.

SOCK.

Ainsi que l'objet; rapportez vous-en à moi... (*Il va vers la portière*). Mais, comment Madame les veut-elle? Lissés? (*A chaque question, il va vers la portiere & Michel le repousse*).

MICHEL.

Oui.

SOCK.

Pointus ?

MICHEL.

Oui.

SOCK.

Le talon haut ?

MICHEL.

Eh oui ! à la mode.

SOCK.

La boucle baſſe ?

LE BARON.

Ah ! ſans boucle. (*Au rideau*). Sans boucle, n'eſt-ce pas Madame? (*Un moment de ſilence*). Vous ne répondez pas ? Michel, il n'y a qu'à tirer le rideau. (*Michel le remue ſeulement*). Eh bien ! Madame, ſans boucle ?

ODILE, *touſſe doucement en fauſſet.*

LE BARON.

Ah !.. oui ; une roſette élégamment nouée... là.

SOCK.

Je ſais, je ſais. (*Toujours vers le rideau*). & de quelle étoffe ?

MICHEL.

De ſoie.

SOCK.

Mais il y a ſoie & ſoie.

LE BARON.

Dites donc , Madame ?.. Il n'y a qu'à tirer le rideau.

MICHEL.

Attendez ... de droguet ... (*Au rideau.*) de droguet , n'eft-ce pas ?

ODILE *touffe*

SOCK, *la contrefait.*

Le joli petit oifeau ! .. (*A Michel*). Eft-ce là tout fon ramage ?

LE BARON.

Il fuffit , il fuffit.

SOCK.

Et... (*Au rideau*). de quelle couleur ?

MICHEL.

Un moment... mo ... mo ... mors-dorés : (*Au rideau*) mors-dorés , n'eft-il pas vrai ?

ODILE *touffe.*

SOCK.

Mors-dorés. (*S'en allant & faluant le Baron*). Elle eft charmante , elle eft charmante.

LE BARON.

Oui, dépêchez ; nous perdons du temps.

SOCK.

Je le crois bien. . . & notre marché de bottes?

LE BARON.

Quand vous m'aurez fatisfait , adieu ...

MICHEL, *le pouſſant dehors.*

Et détalez une fois.

LE BARON.

Enfin nous en voilà débarraſſés... encore?

SOCK, *revient myſtérieuſement.*

Chut... chut ! un mot Monſieur le Baron... à propos de bottes, ſi, par la même occaſion, Madame vouloit que je lui priſſe meſure d'une paire?

LE BARON.

Eh ! non, non ... (*Il rit*). ha, ha, avec ſon à propos de bottes. Michel conduis-le juſques chez lui, crainte qu'il ne revienne.

SOCK.

Serviteur...

SCENE VIII.

LE BARON, ODILE.

LE BARON.

QUE le diable t'emporte ! .. (*Il tire le rideau*).
Venez, ma chere Madame Sock, fortez, ne craignez rien ; Michel l'accompagne, raffurez-vous.
(*La prenant par la main & la faifant fortir de
l'embrafure*).

ODILE, *l'autre main fur les yeux, & dé-
tournant la tête.*

Où me cacher ? Quelle confufion ! Mais je l'ai
bien méritée ! .. Que je fuis étourdie !

LE BARON.

Qu'avez-vous donc ? Vous détournez les yeux !
allons, fi donc, vous boudez ! . . . Eh ! non non,
vous me pardonnerez, je jure, en faveur de la plaifanterie ; & le plus court eft d'en rire avec moi.

ODILE, *ouvrant les yeux & fouriant.*

Le moyen de s'en empêcher !

LE BARON.

Le tour eft excellent; ah, ah, ah . . . le plus plai-
fant, c'eft comme je vous l'ai fait jafer ; ah,
ah, ah.

ODILE.

Oui, le traître... Mais quel est votre dessein ?

LE BARON.

Laissez-moi faire, & vous verrez, vous dis-je,
que nous ne sommes pas si inconséquens que vous
nous croyez.

ODILE.

Vous avez beau dire ; au moins avez vous plus
de ruse, que tous les hommes ensemble.

ARIETTE,

Ce n'est pas sans raison
Que nos prudentes meres
Nous font mainte leçon
Contre les militaires ;
Ces Messieurs sont toujours
A narguer les Amours :
En vain on s'en méfie
Ils sont sans cesse au guet,
Et leur cajolerie,
Nous mene au trébuchet.

LE BARON.
Non, non, quelle injustice !

ENSEMBLE.

Que d'artifice !
Que de malice,
ODILE. Sous l'uniforme, sous le plumet !
LE BARON. Sous cette toque, sous ce bonnet !

LE BARON.

Et ces yeux frippons... en recèlent encore davantage... (*Il veut l'embraffer*). Vous êtes adorable.

ODILE.

Doucement : la plaifanterie a été pouffée affez loin, ce me femble : un plus long entretien feroit déplacé : (*Faifant la révérence*) & je compte fur votre eftime, comme fur votre difcrétion.

LE BARON.

Comptez fur tout ce que vous favez infpirer.

SCENE

SCENE IX.

LE BARON, ODILE; HANZ, *une cocarde à fon chapeau* ; UN BRIGADIER DE DRAGONS.

ODILE, *voulant fortir.*

AH ciel ! un de vos Dragons ! (*Le Brigadier entre le premier.*)

LE BARON.

Qu'eft-ce ?

ODILE, *appercevant Hanz.*

Ah ! Je fuis perdue, Monfieur ! Voilà mon beau fils avec lui.

LE BARON.

Qui ?

ODILE.

Le fils de mon mari, ce mauvais fujet dont je vous ai parlé. (*Elle leur tourne le dos*).

LE BARON.

Ne craignez rien.

LE BRIGADIER, *approchant, chapeau bas, & s'appuyant fur fa canne, roide, fier, & très-férieux.*

Mon capitaine, il n'y a rien de nouveau à la compagnie, finon ...

D

LE BARON, *l'interrompant.*

Pourquoi entrez-vous fans frapper ? (*Hanz refte un peu derrière, le chapeau fur la tête*).

LE BRIGADIER.

Sans frapper ! (*Appercevant Odile*). Ah ! mon Capitaine, exculez... je ne prévoyois pas... mais je vais fortir.

LE BARON.

Demeurez.

ODILE, *tirant le Baron par l'habit.*

Eh ! non, Monfieur, laiffez-les aller.

LE BARON, *bas.*

Raffurez vous, vous dis-je. (*Haut*). Au fait, quel eft cet homme-là ?

LE BRIGADIER.

C'eft un garçon Cordonnier, comme vous voyez, qui a du goût & qui veut troquer fon alène contre un efpadon... allons, faluez votre Capitaine. (*Hanz falue comiquement & fe redreffe*).

LE BARON.

Fort bien ; tu es donc de bonne volonté, mon ami ?

HANZ.

Oh ! oui, c'eft de tout mon cœur.

LE BARON, *fe retirant pour laiffer voir Odile.*

Vous l'entendez, Madame ; il eft de bonne volonté ; ainfi vos prieres font inutiles : je ne puis le relâcher, cela eft contre mon devoir.

ODILE, *à part.*

Autre malice de la même trempe.

LE BARON.

Je fuis au défefpoir, vous dis-je, cela ne fe peut pas... mais ne vous inquiétez pas, Madame ; j'en aurai foin. (*Odile fe montre alors & foûrit*).

HANZ.

Ah ! notre belle mere, c'eft vous ? Quoi ! vous voilà ! Bah !... il n'y a plus rien à faire... j'ai figné.

ODILE.

Tant mieux, libertin ; on te traitera comme tu le mérite.

LE BARON, *au Brigadier.*

Menez le fur le champ au quartier, entendez vous ?

Q U I N Q U E.

Les Acteurs sont ici placés comme ils doivent l'être sur la Scène.

ODILE. *(A Hanz).*	LE BARON.	LE BRIGADIER. *(Ils dressent Hanz).*	HANZ.
Va, méchant Garnement, Va, l'on te réduira, Te morigénera.	Non, non: C'est un joli garçon. Lève un peu le menton. La poitrine en avant. Cette épaule en arrière, Là.	Oui-dà, Là, C'est cela; Pour moi, c'est mon affaire. On le dégagera.	Vive la guerre! Adieu ma chère Belle - mère, Avec mon père; A la maison, Vous pouvez faire Le carillon.

S C È N E X.

(Entre eux deux).

MICHEL, *accourant.*
Il ne fait rien,
Tout va fort bien.

Chut... doucement,
Modérément,
Paix... fais silence,
Il faut de la prudence.
(Ils regardent tous trois le Brigadier & Hanz).

Chut... doucement,
Paix... un moment,
Avec { La Cordonnière,
Ma belle - mère,
J'entrevois du mystère,
Quel plaisir
De servir!
Vive la guerre!
Foin du métier
De Cordonnier!
Vive, vive la guerre!
Vive le Militaire,
Et vive les Dragons!

Oui... j'entends le mystère.
Oui... je comprends l'affaire.

(A Odile).
A revoir,
A ce soir.
De la prudence.
De l'assurance.

Eh! vive le mystère!
Vive les tours fripons!

Eh! vive le mystère!
Vive les tours fripons!

Fin du premier Acte.

ACTE II.

Le Théâtre change & repréfente une chambre bourgeoife.

SCÈNE PREMIÈRE.

ODILE, *feule.*

ARIETTE.

Dans quel danger
Une imprudence nous engage.
Ah! que nous fert l'innocence en partage,
Si notre efprit eft fi léger;
Si l'on devient volage
Sans y fonger?

Il n'eft buiffons, que ne franchiffe
Le faon léger & jeune encor;
Mais par fon téméraire effor,
Il tombe dans le précipice,
Dont il n'avoit pas vu le bord.

Dans quel danger, &c.

Nous voilà pourtant. Ce que c'eft que de
nous!... Et quand j'y penfe, quel efpiègle que

D 3

ce Baron!... Et non, c'eft moi, c'eft moi qui fuis une indifcrette!... (*En colère*). Pourquoi jafer auffi? Oh! je me... (*Plus calme*). Et mon mari, s'il venoit à favoir?.. (*Se recueillant*). Eh bien! foit, je ne fuis pas coupable; c'eft un mauvais tour: oui, prévenons-le... Je vois... autre folie! Il n'en croiroit rien... non, il n'en croiroit rien, (*Plus fâchée*) car cela n'eft pas croyable.... Le voici, contenons-nous de notre mieux.... Peut-être.... (*Elle s'en va lentement du côté oppofé*).

SCÈNE II.

SOCK, ODILE.

Sock entre, le dos tourné au théâtre ; des souliers & du ruban mors-dorés à la main, & dit à la cantonnade :

Oui, oui ; ils sont comme il faut, vous avez bien fait de les border ; vous êtes aussi habiles l'un que l'autre, & je vous donnerai pour boire. (*Il arrête Odile, & la prend par la main*). Ah ! te voilà ! (*Sans dureté*). Où te fourres-tu donc ? Je ne t'ai presque pas vûe d'aujourd'hui..... Viens, viens : tiens, assieds-toi là, ma petite femme.... Allons, dépêche-toi de faire des rosettes à ces souliers-là.

ODILE.

A ces souliers-là? (*Elle s'assied de l'autre côté de la table*).

SOCK.

Oui, voilà du ruban.

ODILE, *à part.*

Il vaut mieux les faire, pour éviter toute explication.

SOCK.

A propos, t'a-t-on payé les mules de ce matin ? (*Il s'affied auffi, & coupe de l'autre ouvrage fur une planchette qu'il a fur fes genoux*).

ODILE *travaille aux fouliers, les yeux baiffés.*

Non.

SOCK.

Il faudra y retourner... Mais, qu'as-tu aujourd'hui ? Tu n'as pas dîné, tu es trifte.....
Oh ! je parie que tu ne t'es pas amufée auffi bien que moi ?

ODILE, *fans le regarder.*

C'eft que je ne m'amufe pas à des riens.

SOCK.

A des riens ? Oh parbleu ! écoute, écoute...
Eh ! mais, dis-moi, ne fais-tu pas ou eft Hanz ?
on ne l'a pas vu à la boutique.

ODILE.

Il eft enga...

SOCK.

Hain ?

ODILE.

Oui : comme tu le laiffes courir nuit & jour, à la fin on l'aura peut-être engagé.

SOCK.

Bon ! ce fera toi plutôt qui l'auras encore chagriné..... Engagé ? va, va, il eft bien trop malin.

ODILE, *à part.*

Comme fon père !

SOCK.

Ah ! çà, fais bien ces fouliers-là, au moins... Oh ! fi tu favois pour qui ils font, fi tu favois le bon tour, l'aventure plaifante.... ah, ah, ah; tu ne t'imaginerois jamais ce qui m'eft arrivé.

ODILE, *s'appuyant fur la table, à part.*

Ni toi non plus !

SOCK.

Mais, qu'as-tu donc ?

ODILE.

Rien, un peu de migraine.

SOCK.

Eft-ce que tu n'as pas pris ton café ?

ODILE.

Oh oui ! j'ai pris ma taffe, je t'en réponds.

SOCK.

Eh bien ! écoute, écoute, cela te diffipera... Imagine-toi qu'à peine étois-tu fortie ce matin, j'ai été appellé chez un Officier, pour prendre mefure de fouliers à une femme; ah, ah, ah. (*Il fe lève*).

ARIETTE.

Ah ! la plaifante hiftoire !
(Cela ne fe peut croire).
Comment ! en tapinois,
Et chez un Militaire,
La femme d'un bourgeois !
Ah ! mon pauvre confrère !
Quoi ! vous traiter ainfi.
(*A Odile*).
Mais toi, ris donc auffi.
Quelle aventure !
Ah ! la parjure !
Ah, ah, d'un pareil tour
Je rirai plus d'un jour.

Mais encore un coup, ris donc ?

ODILE.

Moi rire ! (*Entre les dents*). Non, non, je
ne ris pas...... (*Plus haut*). Et je ne conçois
pas comment tu as pu te prêter à de pareilles
manœuvres.

SOCK.

Pourquoi non ? j'aime les bons tours, moi.

ODILE.

C'eft avoir bien peu de charité pour fon
prochain.

SOCK.

Eh ! que m'importe ? D'ailleurs, voilà le bon de
l'hiftoire : c'eft que je ne connois point cette
femme.

ODILE.

Tu ne la connois pas? Et à qui vient-il faire ces contes-là?

SOCK.

Je veux être pendu, si je l'ai vue... Tiens, je donnerois volontiers le ducat que j'ai reçu pour la connoître.

ODILE.

Un ducat? j'entends. On t'a payé le secret.

SOCK.

Le secret! encore un coup, on ne m'a permis de voir que son pied sous un rideau, & voilà ce qui me désole.

ODILE.

Hon! il falloit que ce pied fût bien joli pour te donner tant de desir de connoître celle à qui il appartient?

SOCK.

Il est vrai, il étoit charmant.... Le tien assurément n'est pas mal; mais il faut que je te l'avoue, l'autre m'a paru encore plus mignon.

ODILE, *à part.*

Je suis piquée.... le perfide!... Voyez ce que c'est que la propriété. (*Elle lui tourne le dos, toujours travaillant aux souliers*).

SOCK.

Est-ce que cela te fâche ? Ah ! tu es jalouse ! Eh bien ! n'en parlons plus. ... Oui, tu as raison pourtant ; il faut avouer que cette femme ne vaut pas grand' chose.

ODILE.

Je ne dis pas cela.

SOCK.

Comment ? est - ce que tu voudrois maintenant excuser une femme de cette espèce - là, toi ?

ODILE.

Pas tout-à-fait ; mais je suis sûre, (*Se reprenant*) par tout ce que tu me dis, qu'elle n'est pas coupable.

SOCK.

Pourquoi se cachoit-elle? (*Il se remet à l'ouvrage*).

ODILE.

Voilà les hommes !

ARIETTE.

Bien loin d'ofer douter
Sur la simple apparence,
On doit ne s'arrêter
Jamais qu'à l'évidence.

Le plus léger foupçon
Sur le compte des Belles,
Offenfe leur raifon,
Et les rend plus rebelles.

Bien loin , &c.

Il fe trouve des cas
Qui forcent au myftère :
Souvent l'on ne fait pas
Comme l'on voudroit faire.

Bien loin , &c.

(*Odile a l'air extrêmement embarraffée, fur-tout
lorfque Sock la regarde*).

SOCK.

Mais dis-moi, eft-ce que la tête te tourne? Avec
ton apparence & ton évidence!... ah, ah...
fur l'apparence ! Une femme cachée chez un
Officier !... Va-t'en, va-t'en conter ces chan-
fons-là à fon mari ; mais à moi !.. à moi !...
ah, ah, ah.

ODILE, *à part.*

Et à qui donc ?

SOCK.

Va, va, nous ne fommes pas faits d'hier.

ODILE.

Voici quelqu'un : je refpire, enfin. (*Elle fe
lève*).

SCENE III.

SOCK, ODILE, MICHEL.

SOCK.

Ah ! ferviteur, Monfieur Michel.

MICHEL.

Serviteur.... le très-humble ferviteur de Madame Sock. (*Ils fe faluent*).

SOCK.

J'allois porter les fouliers à votre maître.

MICHEL.

Il eft forti, & je viens l'attendre ici.

SOCK.

Pour notre marché?

MICHEL.

Oui... je parie que Madame Sock ne me reconnoît pas.

ODILE.

Moi? non, Monfieur.

MICHEL, *lui fait un figne qui la raffûre.*

Nous nous fommes vus pourtant plus d'une fois.

SOCK.

Et où cela ?

MICHEL.

A Strasbourg, dans ces jolies guinguettes, (*Se reprenant*) avec Monsieur son père. J'ai même eu l'honneur de danser plus d'une allemande avec elle.

ODILE.

Il est vrai, Monsieur, je m'en souviens.

MICHEL,

Oui ; c'étoit à qui auroit l'avantage de vous donner la main.

SOCK.

Ha, ha ! c'est donc vous qui avez dit à votre maître que j'étois remarié. (*A part*). Ce Michel m'a l'air d'un dégourdi.

MICHEL.

Que de grâces ! que de légèreté ! que de vitesse & de précision ! Vive l'allemande ! c'est ma danse favorite.

ARIETTE.

Je ne m'étonne pas qu'ailleurs
On manque la cadence ;
C'est moins la faute des Danseurs,
Que celle de la danse.
Rien de plus assommant
Qu'une françoise.

(*Il chante une vieille contredanse françoise* laralla
  ralla, *& en faisant un chassé comique, il dit*
  à Odile à l'oreille sur le ton de la contredanse :
      Ne vous inquiétez pas ;
      N'ayez nul embarras.
          (*Haut*).
      On ne fait bien souvent
      Quel pied mettre devant.
      Passe encore une angloise :
      On sent le mouvement.

(*Il chante & danse de même une angloise, &*
  lui dit bas :)
      Lorsque mon maître viendra,
      Observez ce qu'il dira.
          (*Haut*).
      Veux-je danser, vraiment :
      Aussi-tôt je demande
          Une allemande....
          (*A l'Orchestre*).
      Allons, Messieurs, vivement.

(*Il commence à frapper des talons, suivant le*
  mouvement de l'air : puis il prend Odile, la
  fait danser en chantant l'air, & lui dit bas :)
      A votre gré tout finira.
          (*Haut*).
      Eh ! loustig oupsassa.
          (*Bas*).
      Et tout réussira.
          (*Haut*).
      C'est une danse que cela,

(*Il fait sauter Odile en la soulevant sous les*
  coudes... Il la fait valser, & veut l'embrasser
  en tournant). SOCK,

SOCK, *l'arrêtant.*

Doucement, doucement... là, là.... nous ne sommes plus à Strasbourg.

MICHEL.

Excusez, ma foi ; c'est que je suis comme mon maître : ce n'est que pour l'amour des Dan- seuses que j'aime la danse.

SOCK.

Oh ! votre maître ; il me paroît qu'il s'ac- commode de tout, par exemple, (*A l'oreille*), cette femme de ce matin... hain ?

MICHEL, *ricanant.*

Oui ; la vôtre ne sait rien de tout cela, n'est-ce pas ? Mais voici mon maître.

E

SCENE IV.

LE BARON, SOCK, MICHEL.

SOCK, *à Odile , appercevant le Baron.*

VA-T-EN ; tu n'as plus que faire ici. (*Odile s'en va à pas lents , après avoir salué le Baron.*)

LE BARON.

Pourquoi ne pas la laisser ? ah ! ce que vous faites-là est mal-honnête , vous ne me traitez pas en ami !

SOCK.

Il ne faut pas que les femmes sachent tout... enfin voilà les souliers, ils sont bien faits au moins.

LE BARON.

Là là ; on voit bien qu'ils ont été faits à la hâte.

SOCK.

Ma foi , s'il leur manque quelque chose , c'est votre faute... si vous m'eussiez laissé voir la per- sonne, au moins aurois-je pu la chausser à l'air de son visage.

LE BARON, *indifféremment.*

Ma foi, j'aurois tout autant aimé que vous l'eussiez vue.

SOCK

Et bien allons les essayer !

LE BARON.

Non, non, ce n'est plus la peine, mon cher Sock... je viens vous l'avouer, j'ai changé de sentiment.

SOCK.

Comment cela ?

LE BARON.

Oui, cette personne a eu des scrupules... c'est une petite cruelle... enfin je me suis brouillé avec elle, &... vous pouvez garder vos souliers.

SOCK.

Ce n'est pas là mon compte... avec votre permission, Monsieur le Baron, vous avez commandé les souliers, vous aurez la bonté de les prendre, & je ne puis en conscience vous rendre votre argent. (*A part.*) On ne trouve pas tous les jours de pareils marchés.

LE BARON.

Il faut pourtant tâcher de s'arranger à l'amiable ; ne connoitriez-vous personne à qui ils puissent convenir ?

SOCK.

Qui ?

LE BARON.

Oui... là, quelque fillette dont vous nous parliez ce matin.

E 2

SOCK.

Faites , faites vos cadeaux vous-même...
voyez un peu!... mais je songe...eh! gardez-les
dans votre collection.

LE BARON.

Non , vous dis-je ; je ne veux rien avoir qui
me retrace l'image de cette perfide.

SOCK, *tirant Michel à part.*

Ne pourriez-vous pas les raccommoder ensemble ?

MICHEL.

Moi?

SOCK.

Oui ; faites cela pour moi , je vous en prie.
(*Michel éclate de rire*).

LE BARON.

Est-ce que vous n'avez pas une fille à qui ils
pourroient faire plaisir ?...Eh! j'y pense, donnez-
les à votre femme.

SOCK.

A ma femme des souliers de soie?

LE BARON.

Pourquoi pas ?

SOCK.

Songez donc , Monsieur le Baron : la femme
d'un cordonnier !

LE BARON.

Ne m'avez-vous pas dit que vous étiez Officier municipal ; & qu'à cela ne tienne, je vous assûre qu'en France, à Paris surtout, il est des femmes de cordonniers beaucoup mieux chauffées, que mainte danseuse de l'Opéra.

SOCK, *soûriant.*

A Paris, dites-vous ?

LE BARON.

Demandèz à Michel.

MICHEL.

Comment des cordonnieres ? Jen ai vû avec des boucles de diamans aux piés.

SOCK.

Des boucles de diamans !

MICHEL.

De diamans, (*A part.*) de diamans du Rhin.

SOCK, *à part, soûriant.*

Elle m'en avoit justement demandé de semblables.

LE BARON.

Oui ! avouez, maître Sock, qu'il entre un peu d'avarice dans votre fait.

SOCK.

Il est vrai que tout est si cher.

LE BARON.

Je m'en étois douté : ainſi plus d'excuſe ; il faut que vous lui faſſiez ce cadeau... enfin, c'eſt une idée que j'ai & il faut me ſatisfaire, ſans quoi point d'autre marché.

MICHEL, *bas à Sock.*

Vous ſavez qu'il eſt ſingulier.

SOCK.

Mais vous me parlez de ces ſouliers pour ma femme, & vous ne ſavez pas s'ils lui ſont propres.

LE BARON.

Ah ! c'eſt une autre affaire.

SOCK, *va prendre ſon compas.*

Pour moi, je les crois trop courts. (*Il en me-fure un*). Il faut pourtant que je voye. (*Il laiſſe tomber ſes bras*). Ma foi, comme s'ils avoient été faits pour elle.

MICHEL, *à part.*

Le benêt ! comme ſi !

SOCK.

Allons, je me laiſſe aller en faveur du marché que nous allons paſſer : mais je ne vous rends pas le ducat au moins.

LE BARON.

Soit ; ce ſera le ducat de pot-de-vin.

SOCK.

Ah ! çà, quant aux bottes que je dois fournir à ce régiment François, je ne puis en livrer la paire, l'une portant l'autre, à moins de deux ducats, & il me faut quelques avances.

LE BARON.

D'accord... (*Il lui donne un rouleau*). Voilà vingt-cinq louis.

SOCK.

Mais il faudroit un petit mot d'écrit.

LE BARON.

Fi donc ! maitre Sock : vous avez ma parole, &... vous me donnez la vôtre? (*Le Baron lui tend la main*).

SOCK, *lui touche dans la main.*

Oui , parole d'Officier de Ville.

LE BARON.

Mais à condition... (*Il montre les souliers-mors-dorés*).

SOCK.

Oui , oui ; (*Il le tire à part.*) mais comme je voudrois me faire un mérite de cette petite galanterie , je vous prierai de vouloir bien défendre à Michel de jamais dire à ma femme qu'ils viennent de vous ? Vous y consentez, n'est-ce pas ?

LE BARON.

Michel?..... il n'oseroit ; (*S'en allant.*) reposez-vous sur moi, mon ami.

SOCK.

Oh! oui , Monsieur le Baron , je vous en prie.

LE BARON.

Sans adieu, mon cher Sock. (*Il fort*).

*SOCK le reconduit, & tire par l'habit Michel
qui veut fuivre fon maître.*

Oh ! mon cher Monfieur Michel, faites-moi le
laifir de me dire qui étoit cette femme de ce matin ? Tenez, je vous chaufferai un an gratis.

MICHEL.

En confcience je ne le puis ; car c'eft bien la
plus brave femme.....

SOCK, *éclatant.*

La plus brave femme !.. eh ! allons donc.

MICHEL.

D'honneur, je ne l'aurais jamais cru.

SOCK.

Mais, s'ils font brouillés, il n'y a plus de fcru-
pule à avoir.

MICHEL.

Au contraire, elle eft honnête, & je le fuis
auffi ; ferviteur... (*Il fort en courant*).

SCENE V.

SOCK, ODILE.

SOCK.

OUI, oui, honnête! comme elle : ah! parbleu je crois qu'ils font à deux de jeu (*A Odile*). Ah! tu viens fort à propos. Approche, approche.

DUO.

SOCK.
Ma chere enfant, je t'aime.

ODILE.
Je t'aime auffi de même.

ENSEMBLE.
Rien n'égale mon amour.

SOCK.
En ce jour
Je te trouve charmante!

ODILE.
Quel retour!
Ah! combien il m'enchante!

SOCK.
Tu vois ces fouliers-là...

ODILE, *rougiffant.*
Oui-dà.

SOCK.

Eh ! bien, je te les donne.

ODILE.

A moi ?

SOCK.

A toi.

ODILE.

Non , non, pardonne.

SOCK.

Prends-les , friponne.

ENSEMBLE.

ODILE , *à part.*   SOCK.

Hélas! je n'en puis plus.   Allons , plus de refus.

ODILE.

Mais, mais hier encor ...

SOCK.

Soit , hier j'avois tort.

ENSEMBLE,

ODILE , *à part.*   SOCK , *à part.*

Je commence à comprendre. Je n'y puis rien comprendre.
C'est un tour du Baron.   Ah ! Monsieur le Baron !
Je ne sais si je dois les prendre. Pourvu qu'elle voulût les
                                prendre.

ODILE , *haut.*

Non , non.

SOCK.

J'ai voulu te surprendre.

ODILE.

Non , non, mon cher ami,

SOCK.

Oui , oui , j'ai refléchi.

ENSEMBLE.

Oui,

Ce feroit un crime inoui

De tromper ce pauvre mari. (*Fin.*)

SOCK.

Oui te dis-je , il y auroit confcience ; ce pauvre bon homme ! .. Tiens , encore une fois , ma chere, prends-les , je t'en prie ; je te le demande en grace,

ODILE.

Je ne le puis , je ne le puis.

SOCK, *à genoux.*

Ma chere Odile, faut-il me mettre à tes genoux?

ODILE.

Oh ! pour le coup cela eft trop fort ... il n'y a plus moyen de s'en défendre ; & tu mérites toute ma tendreffe. (*Elle lui ferre la main & prend les fouliers*).

SOCK, *fefant un grand foupir.*

Heureufement enfin !

ODILE, *à part, en riant.*

Il eft trop bon , il eft trop bon.

SOCK.

Allons, va les effayer & qu'il n'en foit plus queftion. (*Tendrement*). Tu les effaieras bien feule ?

ODILE, *de même.*

Comme tu voudras.

SCENE VI.

SOCK., *seul.*

MA foi, je tremblois qu'elle ne voulût pas les accepter ; elle m'eût joué là un vilain tour ; car ce Baron ne badine pas ; mais vive un homme comme moi, pour combattre un caprice !

ARIETTE.

Ce que c'est qu'une femme !
Ah ! combien sont touchants
Ses yeux charmans !
Et sur notre ame
Comme elle obtient certain pouvoir,
Sans le laisser prévoir !
Et, pour s'en prévaloir,
Elle n'a qu'à vouloir.

Si quelquefois, d'allarmes
Elle mêle le cours
De nos beaux jours ;
Bientôt des larmes,
Qu'impunément on n'ose voir,
Viennent nous émouvoir ;
Et, pour nous décevoir,
Elle n'a qu'à vouloir.

Quelle eſt donc la magie
De ſes traits enchanteurs ,
Toujours vainqueurs ?
Elle nous lie
Par un attrait, par un ſavoir
Qu'on ne peut concevoir.
Quel eſt donc ce pouvoir ?
Elle n'a qu'à vouloir.

SCENE VII.

SOCK ; HANZ, *à demi ivre.*

SOCK.

AH ! drôle ! C'eſt toi.

HANZ.

Oui, mon pere... c'eſt moi, c'eſt moi.

SOCK.

Et d'où viens-tu ?

HANZ.

D'où je viens ... eh ! vous le voyez bien.

SOCK.

Tu es un joli garçon !

HANZ.

Oui, un joli garçon ... vraiment, (*Il ſecoue ſa poche ou il y a de l'argent.*) mon Capitaine me l'a bien dit.

SOCK.

Comment! ton capitaine? Il eſt donc vrai?

HANZ.

Oui, vrai... très vrai... je ſuis dragon.

SOCK.

Quoi! malheureux! hélas! oui, ta belle-mere
me l'avoit bien dit.

HANZ.

Ma belle-mere... parbleu! je le crois bien, elle
m'a vû.

SOCK.

Elle t'a vû! & où t'a-t-elle vû?

HANZ.

Où elle m'a vû? Comme ſi vous ne le ſaviez
pas!

SOCK.

Mais où donc?

HANZ.

Eſt-ce que vous ne l'avez pas envoyée chez
mon Capitaine pour le prier de ne pas m'engager?

SOCK.

Chez ton Capitaine?

HANZ.

Oui... chez mon Capitaine; eh parbleu! je ne
ſuis pas encore ivre.

SOCK, *réfléchiſſant.*

Eh! dis-moi? ſais tu ſon nom?

HANZ.

Si je le fais ? attendez … pi … pi … pié …

SOCK, *vivement.*

Piécourt !

HANZ.

Piécourt ; jufte.

SOCK, *en fureur.*

Piécourt !

HANZ.

Eft-ce que vous le connoiffez ? Oh ! c'eft un brave homme.

SOCK.

Qu'entends-je ? eft il bien vrai ?.. Odile !

HANZ.

Oh ! oui, je vous le jure, comme j'ai bû quatre bouteilles de vin, & comme je vais en boire encore quatre autres. (*Il veut s'en aller.*)

SOCK.

Arrête, … jufte ciel ! Je fuis trahi, déshonoré. (*Il appelle Odile & frappe du pied*).

HANZ.

J'ai fait là de la belle befogne, moi.

SOCK.

Ah, ah ! Ce n'eft pas fans fujet que tu voulois juftifier cette femme, mais je te…

ODILE, *à genoux.*

O ciel !

SCENE VIII & derniere.

Les Acteurs précédens, LE BARON, MICHEL, LE BRIGADIER.

LE BARON, *au Brigadier, montrant Hanz.*

LE voilà, arrêtez-le, & qu'on l'emmène.

SOCK, *l'arrêtant.*

Doucement, doucement. (*Entre les dents en fureur.*) Monſieur, Monſieur, ſi vous n'aviez ſur le corps un uniforme reſpectable, je vous, je vous...

LE BARON

Qu'eſt-ce donc ?

SOCK.

Vous pouvez le demander ? Comment ! me ca-joler, m'amadouer pour ſuborner ma femme & enrôler mon fils !.. Me jouer le tour le plus ſan-glant ! puis me berner encore ? Allez, cela n'eſt pas digne d'un Officier d'honneur.

LE BARON, *au Brigadier, montrant Hanz.*

Je vous l'avois prédit : pourquoi le quitter auſſi ?

LE BRIGADIER.

Il n'y a pas moyen de le tenir ; cela n'a pas de ſubordination.

LE BARON.

LE BARON, *la fait relever.*

Levez-vous Madame Sock... entendons-nous, maître Sock ; je fuis obligé de rendre hommage à la vérité.

SOCK.

Quel hommage !

LE BARON.

Un hommage jufte & dû. (*Avec chaleur*). J'étois feul ce matin chez moi... Michel étoit forti, il rentre & me dit, qu'il y avoit à ma porte une jeune femme, qu'il connoiffoit.

SOCK.

Qu'il connoiffoit .... le fourbe !

MICHEL.

Je vous l'ai déjà dit, je la connoiffois mal.

LE BARON.

Paix... Une jeune femme mariée depuis peu, à vous donc ; qui s'étoit méprife, croyant entrer chez le Confeiller mon voifin, il m'a propofé de la faire entrer, pour rire un moment de fa méprife.

SOCK.

Pour rire un moment.

LE BARON.

Ne m'interrompez donc pas... je me fuis donné à elle, pour être ce Confeiller ... Elle avoit des

F

mules à la main ... de propos en propos, je lui ai demandé pourquoi elle n'en portoit pas de pareilles ... elle m'a répondu (modeſtement toutefois), que vous ne le vouliez pas ... l'idée plaiſante m'eſt venue alors, de voir un Cordonnier prendre meſure de ſouliers à ſa femme, ſans qu'il la connût, je vous ai fait venir à ſon inſçu ... elle a été obligée de ſe cacher malgré elle ...

SOCK.

Malgré elle ?

LE BARON.

Sans doute, vous vous ſouvenez de la menace de tirer le rideau ?

SOCK.

Il eſt vrai.

LE BARON.

C'étoit pour la forcer ; & vous ſavez le reſte.

SOCK.

Je ſais le reſte ... oh ! Si je le ſavois !

LE BARON.

Vous pouvez tout ſavoir ... je vous jure ſur l'honneur ...

SOCK.

Sur l'honneur ... ſur le vôtre, mais non pas ſur le mien je gage.

LE BARON.

Sur le vôtre, fur celui de votre vertueufe , de votre refpectable femme, à qui je demande fin-cérement pardon.

MICHEL, *à genoux.*

Et moi auffi.

SOCK.

Mais , on ne le croira jamais ?

LE BARON.

Oui , qui ne croiroit pas à la vertu.

SOCK.

Belle vertu vraiment ! d'aller révéler les fecrets du ménage !

ODILE

Plus excufable peut-être que celle de chauffer plus d'une femme gratis.

SOCK.

Comment ?

ODILE.

Oui , oui , ton marchand de Strasbourg , ne t'a pas trompé comme tu l'aurois mérité.

SOCK, *confidere le Baron.*

LE BARON.

Elle a tout entendu, je vous ai fait jafer exprès ?

SOCK.

Meffieurs les apprentifs en malice , (*Montrant le Baron*). voila votre maître !... allons , il faut

F ij

bien en ménage fe paffer réciproquement quelque chofe.

ODILE.

Vas tu n'as rien à me paffer... qu'un peu d'étourderie.

SOCK.

Je le fouhaite, & j'aime mieux que l'on dife de moi que j'ai été affez bénêt pour ne pas reconnoître le pié de ma femme, que de laiffer penfer que j'euffe le moindre foupçon de fa fidélité.

LE BARON.

On ne penfera rien, on ne faura rien, vous dis-je (*aux autres*]. Vous, je vous impofe filence fous les peines les plus graves.

HANZ.

Oh! je ne jafe jamais, moi.

SOCK.

C'eft à merveille; mais il faut que vous ayez la bonté de relacher ce grand drôle-là.

LE BRIGADIER.

Oui, car auffi bien, il a le pié trop léger.

HANZ, *pleurant.*

Eh non, je veux fervir, moi!

ODILE.

Non, Hanz, refte avec nous, tu vois bien que la guerre eft finie.

HANZ.

Oui; eh bien! la paix donc : la paix. (*Il touche dans la main d'Odile*).

LE BARON, *aux époux.*

Embrassez-vous, & je prends tout sur moi.

SOCK.

Volontiers. (*Ils s'embraffent*).

LE BARON.

Ah çà, Maître Sock; ah çà, Madame Sock, (*Il les prend par la main*), il me revient une de vos mules pour ma collection.

SOCK.

D'accord; mais de la difcrétion.

ODILE, *un peu à l'écart.*

Et que vous n'y mettrez pas d'apoftille.

LE BARON.

Elle ne pourroit que vous être avantageufe. Au furplus, vous ne m'en voudrez pas, je gage.

ODILE.

Au contraire, vous me prouvez qu'un Fran-çois, à la fois galant & difcret, eft l'être du monde le plus aimable.

VAUDEVILLE.

ODILE, *au Baron.*

Chez l'Étranger, on n'apprécie
Le François qu'après ses trente ans ;
Alors, à l'aimable folie,
Il joint l'esprit & le bon sens.
Vous avez dévancé cet âge :
Vous me faites d'un badinage
Une leçon utile & sage ;
Tout le monde est rapatrié….,
Et trouve chaussure à son pié.

SOCK, *à sa femme.*

Foin des querelles du ménage,
Elles ne causent rien de bon ;
La femme exige, elle fait rage,
L'époux refuse sans raison :
L'un se fâche, l'autre s'entête ;
Plus de plaisir, jamais de fête,
Et faute que chacun se prête,
Un jour l'une ou l'autre moitié
Trouve enfin chaussure à son pié.

LE BARON.

Damis, que l'inconstance mène,
Vivoit chez la femme d'autrui ;
Un soir il revient chez la sienne,
Croyant que l'on songeoit à lui :
Il s'endort, ce mari crédule ;
Mais s'éveillant au crépuscule,
Il voit qu'on a changé sa mule,
Il n'étoit rien moins qu'oublié :
Il trouva chaussure à son pié.

LE BRIGADIER.

Qu'un déserteur un pied se casse
En franchissant son parapet ;
Qu'un poltron qui fait volte-face
Aux talons attrappe un boulet :
Tous deux en quittant la carrière,
D'un honneur pour eux trop sévère,
Ont bien mérité ce salaire ;
Ils n'éprouvent point de pitié.
Chacun a chaussure à son pié.

Je vois un jour Lise qui boite,
Et minaudant fait des faux-pas ;
Je crois sa mule trop étroite,
Je veux aider cet embarras.
Mais quelle est ma surprise extrême ?
Quand, voulant en juger moi-même,
Je m'apperçois du stratagême,
Et je reste pétrifié
De trouver chaussure à mon pié.

MICHEL, *au Public.*

J'ai commencé cette aventure,
Mon maître vient d'y mettre fin ;
Mais, Messieurs, pour la mieux conclure,
Mettez-y la dernière main :
Beau sexe, a-t-elle sû vous plaire ?
Venez derrière la portière
Employer notre ministère,
Nous serons tous trop bien payés
De trouver chaussure à vos piés.

Refrain en Chœur.

Venez derrière la portière
Employer notre ministère,
Nous ferons tous trop bien payés.
De trouver chauffure à vos piés.

APPROBATION.

J'AI lu, par ordre de Monsieur le Lieutenant-Général de Police, *les Souliers Mors-dorés*, Comédie en Profe, avec des Ariettes & en deux Actes ; & je n'y ai rien trouvé qui m'ait paru devoir en empêcher, ni la repréfentation, ni l'impreffion. A Paris, ce 8 Mars 1775.

CRÉBILLON.

Vu l'Approbation, permis de repréfenter & d'imprimer, ce 9 Mars 1775.

LENOIR.

De l'Imprimerie de la Veuve BALLARD, rue des Mathurins, 1776.

www.ingramcontent.com/pod-product-compliance
Lightning Source LLC
LaVergne TN
LVHW050608090426
835512LV00008B/1387